# Al centro de naturaleza

Julie Murray

Abdo Kids Junior es una
subdivisión de Abdo Kids
abdobooks.com

Abdo
EXCURSIONES CON LA ESCUELA
Kids

**abdobooks.com**

Published by Abdo Kids, a division of ABDO, P.O. Box 398166, Minneapolis, Minnesota 55439.

Printed in the United States of America, North Mankato, Minnesota.

052021

092021

THIS BOOK CONTAINS RECYCLED MATERIALS

Spanish Translator: Maria Puchol

Photo Credits: Alamy, Getty Images, iStock, Media Bakery, Shutterstock

Production Contributors: Teddy Borth, Jennie Forsberg, Grace Hansen

Design Contributors: Christina Doffing, Candice Keimig, Dorothy Toth

Library of Congress Control Number: 2020930682

Publisher's Cataloging-in-Publication Data

Names: Murray, Julie, author.

Title: Al centro de naturaleza/ by Julie Murray

Other title: Nature Center. Spanish

Description: Minneapolis, Minnesota: Abdo Kids, 2022. | Series: Excursiones con la escuela | Includes online resources and index.

Identifiers: ISBN 9781098204136 (lib.bdg.) | ISBN 9781098205119 (ebook)

Subjects: LCSH: Nature centers--Juvenile literature. | Nature study--Juvenile literature. | Ecology--Juvenile literature. | School field trips--Juvenile literature. | Spanish language materials--Juvenile literature.

Classification: DDC 371.384--dc23

# Contenido

# El centro de naturaleza

¡Es día de excursión! La clase va a visitar el centro de naturaleza.

Es un lugar para **explorar**.

Es un lugar para aprender.

Bob contempla los peces.

Mira cómo nadan.

Sofia camina por el sendero.

Observa todos los árboles.

Sid aprende sobre águilas.

La clase sostiene una serpiente.

¡Es gigante!

Adela construye un fuerte.

Usa palos.

Maria está en el **estanque**.

Observa una rana.

¿Has visitado alguna vez un centro de naturaleza?

Life Cycle of Grasshopper
1 2 3 4 5 6 7 8 9

# Actividades en el centro de naturaleza

aprender sobre animales

construir un fuerte

explorar la naturaleza

salir a caminar

# Glosario

**estanque**
cuerpo pequeño de agua dulce estancada.

**explorar**
aprender explorando.

# Índice